Jean-Philippe NOBLET

Chemine

Entre Beauce & Bretagne

Poèmes

Préface de Michel BRETON

1ère de couverture, photo de Jean-Philippe Noblet : Châteaudun (28) par avion (merci Romuald Behem)

4e de couverture, photo de Camille Noblet : Pen-Bé, commune d'Assérac (44)

A tous ceux qui m'ont encouragé et en particulier
Eclaircie et Ibidem

Du même auteur

« L'école et les maîtres d'école à Ermenonville-la-Grande au XVIIIe siècle » article paru dans le numéro 75, 4e trimestre 2002, dans la revue de la Société Archéologique d'Eure-et-Loir

« L'enterrement dans l'église d'Ermenonville-la-Grande » article paru dans le numéro 77, 2e trimestre 2003, dans la revue de la Société Archéologique d'Eure-et-Loir

« Souvenirs croisés » *in Enfance(s)* par Ibidem, collectif d'écrivains d'Eure-et-Loir, Paris, Editions de la Framboisière, mars 2009, pp. 213-231

A paraître

Rives d'adolescence, recueil de poèmes

Vivre dans un village de Beauce au XVIIIe siècle, essai historique

Plus de renseignements sur :
http://ibidem.kazeo.com

Préface

Léonard de Vinci, cet esprit encyclopédique, écrivit dans l'un de ses traités : « La peinture est la poésie qui se voit ».

Faut-il donc aussi être peintre pour se montrer bon poète ?

Certes ! Peintre respectueux des êtres et de leurs sentiments ; peintre soucieux de la nature, de ses sites, de ses couleurs, de ses fragrances ; peintre de la nature des êtres et des choses, enfin : un peintre des âmes puisque le poète s'avère éminemment clairvoyant. Sa sensibilité lui permet de parfaire sa carrure.

Mais le poète n'est pas seulement un peintre, si talentueux soit-il, il doit encore se comporter en musicien, en chantre du verbe, en magicien des mots qu'il tresse en couronnes chatoyantes à l'usage des autres. Il les distribue à l'imitation des compagnons le pain de l'amitié…

En arrivant en Beauce dunoise, Jean-Philippe Noblet espérait-il y retrouver l'écho flatteur de sa Bretagne natale ?

A l'évidence, à fouler un sol généreux, à laisser « son regard voguer sur la vague des champs de blé », à respirer les odeurs véhiculées par les vents favoris des grands espaces, Jean-Philippe ne fut pas dépaysé. Les châteaux d'eau remplaçaient seulement les phares des confins, les machines agricoles les chalutiers, ainsi que « les écharpes de brume sur le miroir de la terre » les embruns venus du large.

Avec le même enthousiasme, la même sincérité, la même veine poétique, Jean-Philippe nous livre ses découvertes, ses ravissements, sa foi indéfectible en la nature, dans une langue propre à séduire, non seulement ses lecteurs beaucerons et bretons, mais encore tous ceux qui conservent intactes dans leur cœur les grâces et les vertus de nos belles provinces.

Les pieds dans la glèbe, la tête dans les nuages, le poète décrit avec admiration les éruptions du ciel dans une débauche de couleurs qui en fait un peintre authentique, la page blanche pour toile, le stylo pour pinceau.

La poésie de Jean-Philippe Noblet est d'une originalité si bucolique qu'on la croirait née d'un épi de blé et d'un coquillage marin. Elle en possède les senteurs mêlées.

Michel Breton

Libre regard

Il est des merveilles que j'admire
D'autres que j'aime et désire
Il est des merveilles voilées
Que tous voient et personne ne regarde

Ainsi je cherche en vain
A capturer un instant les yeux
De nos proches contemporains
Pour leur faire mirer les cieux

Des cieux pas si lointains
Mais d'une grande simplicité
Il faut donc cultiver l'attention
Et ne pas s'impatienter

Parmi ces cieux je vois des champs sans barrière
Où l'horizon offre au regard mille couleurs
Qui ordonnent un espace empli de lumière
A chaque saison et pour chaque fleur

Cet espace nous offre sa liberté
Liberté de cheminer
Pour que notre regard vogue
Sur les vagues des champs de blé

Terre au matin

La brume assoupie s'égare
Des mottes taillées de reflets
Sont versées telle une envolée
Et le voile embrasse les sillons

Des plants font figure
D'une vaste étendue
Le champ du matin s'est paré
De ses habits de vapeur

Suspendue la terre est mobile
Elle s'approche du regard
Elle s'éloigne de l'horizon

Suspendue la terre est fragile
Elle reflète un ciel
Derrière le paravent de mes songes

Sur le champ

Sur le champ

Sur le champ
La chape

Sur le champ
La cape de brume

Sur le champ
L'écharpe

Elle s'acharne
Sur le miroir de la terre
Sur les mottes givrées

Le châle s'éloigne
 Sur la rosée

Détail

Un détail indéterminé
Un souci dans le paysage
Un épi dans mes cheveux
Une fleur inachevée

Un détail dans les nuages
Une parure de couleurs
Une vipère dans le sillon
Et dans le ciel un visage

Des profils dans le champ de lin
Un regard qui s'annonce
Le vent se prononce
Et décoiffe les blés

Un chemin s'arrête
Et la main se poursuit
Vers un sillon un détroit
Là où la vallée s'enfuit

Une mer au ciel

Les vagues ont modelé
Dans le ciel le sable
Une nuée semblable
Aux fonds sillonnés

Mon esprit à ses rivages
Divaguait dans l'oubli
Dans les cieux infinis
En flottant dans les nuages

D'une image éclaircie
De ce beau paysage
Ce n'est qu'un mirage
Embelli de rêveries

Aurore

Les labours respirent
Le vent se réveille
Le ciel s'étire
Et le sol fume

Sur la plaine embaumée
Une vague de brume avance
Le froid s'installe
Le soleil s'habille

La fraîcheur s'éveille
Et la rosée se dépose

Cultures

Le soleil a ordonné la saison
Sur cette nature enchantée
Les machines saluèrent la moisson
En mangeant tout le blé

Dans les champs de courageux maçons
Sont les marins de cette marée
Qui façonnent cette floraison
D'oeuvres peintes et cultivées

Ainsi au-delà des crépuscules
Nous assistons immobiles aux ballets
De ces majestueux véhicules
Coupant par milliers ces bouquets

Après des mois passés sur le terrain
L'artiste sur l'ordre de ses cieux
Monte dans ses engins

Après des mois de l'attention et du soin
L'artiste constate sous ses yeux
L'éveil du travail de ses mains

Qui avec un amour contagieux
A nourri lentement ce sol saint
D'un travail laborieux
D'un travail de ses mains

Ce sol riche qui est le nôtre nous nourrit
Malheureux celui qui ne voit guère
Les innombrables richesses de cette terre
Qui est le berceau de notre vie

Bienheureux celui qui bien assez tôt
Contemple son travail grâce à ses fruits
Grâce aux immenses fleurs de ses maux
Qui le comblent et lui sourient

Moisson

Le vaisseau poussiéreux avance
Il engloutit les cultures
Il avale il crache et il déverse
Les graines comestibles
Après avoir peigné les tiges

La remorque s'éloigne
Le vaisseau poursuit sa ligne
Il suit le sillon et il s'adapte
Il ne peut contourner tous les obstacles
Un renard parfois

La coupe s'abaisse ou s'élève
Le conducteur fixe ses proies
Les bouquets se versent et se bercent
La paille se broie
La trémie se remplit

Dans la fraîcheur de la cabine
Dans son silence
Sans cesse l'agriculteur embraye
La main sur le levier
Il fixe les sillons

La machine est armée de ses rabatteurs
Broyeurs ou séparateurs
Elle combat les résidus
Elle ventile elle compresse elle éparpille
Armée de sa vis qu'elle déploie elle verse
Le produit de son usine

Toujours en rotation
Les épis se démêlent
Les épis sont épiés
Pris aux pieds et déliés
La machine s'empresse

Le blé passe du visible à l'invisible
Il est mangé entre les lames et les dents
Le tambour nivelle la récolte
Elle est passée aux couteaux
Avant de remplir la cellule

L'éruption de ciel

Le ciel offre sa chevelure
Dans les immenses nuées ardentes
L'étincelle caresse un doux murmure
De roses rouges flamboyantes

Octobre

Les feuilles papillonnent
Et libellule
Elles colorent le ciel
Elles dérivent
Elles rouillent

Le sol s'oxyde
La branche sommeille
Trébuche

La lame se plie
C'est l'incandescence

Lentement

Un œil puis deux
Du rose
Puis du bleu

Un mouvement
Quelques courbes
Une ombre s'éclaircit

Un ciel assoupi
Un flot de nuages
Un voile vaporeux

Mystère d'une splendeur matinale

Sous un ciel du mois d'août
Je vis au matin
Sur l'étang près de la route
Un brouillard d'airain
Suspendu comme une goutte
De larme sur le sein
Un oiseau du paradis
Tranquillement serein
M'apparut et je vis

Un cygne paré de signes
De pureté et d'envies
D'envies de retrouver
Ce lieu
Ce paradis

Site à Changé

Sur la presqu'île
Le sable le calcaire
Le silex et le grès
Se disposent

La pierre isolée se dresse
Ses creux se lissent
Elle se penche

La calcite rugueuse désigne
La couverture
D'un petit monument caché

Avec sa dalle brisée
Le dolmen berce
Son écorce et ses volutes

Un pilier se dessine
La paroi est piquetée
De l'onde d'un vertébré

Ici tout se creuse et renferme
Des sens à délivrer
Sur un banc qui s'enlise

La terre embrase

Les racines ensevelies délivrent
Les éternuements des crevasses
Le méandre de la vallée
Cerne l'immensité

Tel le sel dans la saline
La chaux coiffe la parcelle
Le soc verse sa lave
Sur les vestiges endommagés

La brise siffle sur le roc
La fièvre l'embrasse
Les gravures de l'être
Restent polies par les années

Des mottes de pailles hérissent
Elles percent et elles brossent la terre
Elles déterminent un autre chemin
Des craquements sous nos pieds

Mirage

La mer est le ciel
Et autour de la lune
Les étoiles entre elles
Doucement écument

Des vagues de nuages
Qui comme les courants
Glissent sur les rivages
Avec le vent

Et dans ce mirage
Terre fertile
La coquille parme

L'étoile brille
Les îles et les larmes
Miment la plage

Au ciel

Au dénouement de la nuit
A sa tombée
Le jour lentement s'enfuit
Sous l'étoile du berger

Son scintillement nous attire
Quand le soleil vient à mourir

Sur l'horizon le rose diminue
Les étoiles s'imposent et s'évertuent
A dessiner mille contours noués
Quelques formes sur le ciel échouées

Une rivière traverse cette vue
C'est une voie cotonnée
Une guirlande de lierre étoilée
Et des regards qui cheminent

Bosquet

Le ciel saigne

Dans la pénombre
Le crépuscule s'achève

Du rose se diffuse
Le rose s'enfuit

Un bosquet s'isole

Dans une apparence trompeuse
L'ombre s'étend
Ses limites se perdent

D'autres bois s'offrent aux regards
Dans l'immensité de la plaine
Où chacun s'isole
Où chacun s'enferme

Enigme…

Bras qui s'enfuient
Vers les cieux sauveurs
Ton corps renferme et offre
Une part d'humanité

De jour comme de nuit
Tu protèges en ton coffre
Des espoirs et des humeurs
Ce trésor des siècles passés

Des souhaits et des peurs
Ont été ici célébrés
S'y mêle l'admiration
Le symbole et le toucher

Au sein de ton chœur
Au chef de tes illusions
Tu regardes tes créateurs
Tournes le dos à l'Orient
En un geste édifiant

Trois

Châteaudun aux trois visages apprivoisées
Née d'une vieille ville bâtie sur des cendres
Qui renaquit deux fois et que l'on peut descendre
Des cieux au sol et du plateau à la vallée

Regarde alors ce quartier en bas du versant
Un village blotti autour de son église
Le Loir l'embrasse dormant telle une Venise
Il assiste le cœur en le rendant vivant

Plus à l'est à l'orée de Jallans
La liberté a sa place
Dans cette ville aux trois faces
Et aux esprits foisonnants

Chacun son tour

Ville que certains voudraient contourner
Ville qui est un beau détour
Et qui a parmi ses atours
Plusieurs tours dans son chapeau

Les tours de ses églises
La tour de son château
Des tours avec emprises
Et deux tours aux mille fléaux

Verte est la vallée
Blanc est le versant escarpé
Sur lequel le plateau fait son chemin de ronde
Surplombant le Loir et toute son onde

La ville moderne dresse son damier
Autour des places des libertés
Places à sens unique et déjà prises

Prise unique la ville a l'honneur
Malgré l'échec elle n'a pas échoué
Car c'est une ville unie devant l'adverse cité

Ville que l'on voudrait contournée
Ville qui est un beau détour
Et qui a parmi ses atours
Plusieurs tours dans son chapeau

Ville maintes fois malmenée
Jusque dans les tours de ses églises
Mauvais tour que d'être prise
Elle et son château

Ville qui reste fortifiée
Et qui a su se défendre
Renaître de ses cendres
Se reconstruire elle et son château

Ville qui reste fortifiée
Malgré l'échec elle n'a pas échoué
Les Dunois ne restent pas ainsi médusés

Ville rebâtie sur son damier
Autour des places des tours de ses quartiers
Prise unique la ville a l'honneur
Ce qui n'est pas légion
Sans avoir de fusil à sa fleur
D'être un beau détour dans sa région

Epars

Sous la statue du Général Marceau
Sous le goudron et les gaz échappés
Tel le lit d'un cours d'eau
Mille couches les fouilleurs ont fouillé

C'est en effet en couches que se lit
Le passé de cette part de quartier
Et l'archéologue ne cesse de détruire et relier
Ce que tout un chacun difficilement décrit

Le rose des couches de terre rougie
S'est épanché sur l'ensemble du chantier
Seuls vestiges de multiples incendies
Elles rassemblent des tuiles et des tessons par milliers

Sous cette place des Epars où se porte
Le regard des égouts et des passants
La terre s'égare de sorte
Que seuls les vestiges sont voyants

L'archéologue entaille le sol de la place
Avec tant de prouesses il détrousse
Le bien de chacun pour le bien d'autrui
Il fouille dégage et déplace
Cette terre où plus rien ne pousse
A part un *fanum* et des *domus*
Pour construire sans cesse il détruit

Tours Aime

Ici les toits sont d'ardoises
Et la rivière un bras de mer
Les oiseaux croissent et se croisent
Dans un ballet millénaire

J'aperçois des arbres les cimes
Comme des mains tendues vers le ciel
C'est un appel unanime
Mais si superficiel

Des troncs sans feuillage
Restent figés dans la terre
Sous ces toits ces colombages
Parlent d'un temps naguère

Quelques pignons arborent
Des personnages sculptés
Que le vandale décore
De son couteau aiguisé

Si Auguste a laissé la ville de marbre
Elle nous est restée de briques
Brocante d'arbres
Et encorbellements magiques

A Tours

Le soleil est tout aussi présent
Que le bleu des cieux ce prestige
Dans cette ville aux beaux vestiges
D'un temps fixé par les monuments

La Loire grande et généreuse côtoie
Cette agréable ville de Tours
D'où je vous écris et vous conte ce jour
Mes sentiments à cet endroit

Et le calme et la qualité de l'ancien
Caressant les rudes bâtiments blessés
Marque le passage et le teint
D'une guerre ne pouvant être oubliée...

Des livres de Tours

Tours de livres
Tours délivre
Des livres ouverts

Des tours de livres
Des livres ouverts
Des tours de mots

Des livres à fenêtres
Des livres aux volets
Des tours en pages

Un livre au vert
Un livre bleu
Une famille de livres

Un livre cheminée
Un livre chemine
Une tour qui fume

Une fuite de livre
Une tour qui s'enfuit
Une ville de Tours
Et un livre qui nous joue des tours…

Assérac caressa

Dans mon petit bout d'océan
Je reste lié à un cordon
Qui m'amène l'eau et l'or blanc
Fils du soleil blond

Sueur de la mer
Quand le ciel a été clément
Je t'ai récoltée comme une fleur
Que l'on offre en présent

Sel fin d'un pays lointain
Tu m'as ravie et charmée
Dès la rosée du matin
De ton rose reflété

Bouquet

Le vent et le soleil ont fait offrande
A la mer maternelle
Une fleur qui est parmi les plus belles

Dans ces beaux marais de Guérande

Devant elle les êtres se fendent
C'est un peu d'or et de lumière
Comme une légende

C'est un trésor en Brière

Elle est rose comme une aurore
Se blottissant sous l'onde
La lousse la cherche encore
Car la saline est féconde

Oh! Sel si fin !

Fleur de sel
Le soir
Sous le soleil
Du soir

Devant le coucher
De l'étoile
Un ciel endiablé
D'un doux voile

Regarde le paludier!
Qui manie ses outils
Tel un jardinier

Il paraît solitaire dans son œillet
Il reste attaché à chaque étier
Des poignées dans ses paniers
Et des fleurs de ses marais

Pont d'Armes

Pont d'âmes entre Brière et océan
Colline bière de mes ascendants

Radeau posé près des œillets
Hameau blotti dans les marais

Terre où se croisent les oiseaux
Eaux où croissent les roseaux

La salorge

Ses murs sont penchés
Elle est massive
La salorge est le grenier
Du paysan du sel
Du paludier

Elle recueille la floraison
Du travail des années
Le fruit de l'étier
A toutes les saisons

Salicorne

Herbes aux racines salées
Cactus des marais salants
Plantes si souvent arrachées
Pour punir les enfants

La salicorne semble maintenant
Le corail des œillets
Le délice des palais
Quand elle sert de condiment

Citadelle

Vagues à larmes d'écume
Sur les rides du rocher
Roches dunes façonnées
Vagues d'enclumes

Brides d'écorce sur le roc
Vent sur le ventre du flot
Torse et corps débloquent
Des rythmes en copeaux

Algues bègues et fanent
Sur la roche et le bitume
Pluie s'envase et s'enfume
Peaux qui muent et tannent

Goutte de tanin patine
De la tête aux pieds hérisse
Des reflets satins platines
Pierrier déboulant et glisse

A la marée

Le ciel tient la lune par son anse
Et elle verse sur lui son regard
Un regard posé sur ses sens
Un œil embelli de phare

Le miel dans ses yeux
Brille et brûle doucement
Dans un ballet silencieux
Une bise du vent

Merveille dans la brume
Il l'a prise dans ses bras
Lui offrit un peu de son écume
Un peu de brise et de charme délicat

La maladive

La vague est fiévreuse
Son écume se dépose
Elle subsiste sur le sillon
Elle résiste à l'envolée

Le rocher se courbe
Il se soumet sous l'océan
Il souligne la houle
Et méprise le vent

Toile de fond

Océan tu as été souillé
Par un poison des profondeurs
Que l'homme a relâché
Pour un confort destructeur

Océan tu as été souillé
Par ce fruit prisonnier des terres
Qui a enterré une part de ta beauté
Pour la gloire de quelques pairs

Combien de temps le deuil s'affichera encore
Sur ta toile déshonorée
Par quelques hommes que l'on déplore
Parmi toute une humanité

Sur tes vagues le sable et les rochers
Ces hommes ont commis un viol
Posant sur toi leur terrible voile
Qui lentement t'étiole

Quand pourrons-nous peindre tes anciennes couleurs
Tes différentes teintes sur une toile
Auras-tu noyé un jour toutes ces douleurs
Toutes ces plaintes totales

Maintes vagues

Fleuve d'une main
D'une main d'une paume
Qui embrasse l'océan

Un océan manipule
Et embrasse l'écume
Entre la vague et le grain

Rivière qui ondule
Qui façonne et dissimule
Le sable sous le sable
La caresse sous la main

F

Fleur et fleuve d'une main
Fleuve effleure une main
Et d'une main et d'un fleuve une fleur
Et d'une fleur une main un matin

    Fleur d'une main manipule
    Bras m'embrassant
    Ondes qui ondulent

Rives à la dérive
Leçons de gestes gesticulent
Bises brisées qui me privent
Par brises confuses et déambulent

    Fleur d'une main manipule
    Bras m'embrassant
    Ondes qui ondulent

Fleurs et fleuves d'un matin
Matin d'une couleur
D'une couleur sous un fleuve
Du fond des sables dessins

    Fleur d'une main manipule
    Bras m'embrassant
    Ondes qui ondulent

Une main longtemps dissimule
Un embrassant simule
Simula un temps et brûle
Loin de tout
Soudainement

Flotter

Fleuve sous le vent
Fleuve dissimule
L'écume le flot le loin

L'escale
La scorie de l'attente
La pause de la plage

Le sable des sens
L'écoute du foin
La pluie fine
Le roc brisé

Le fleuve sous le vent
Brûle le flot
Brise les flammes
Et fane l'écume

Jeune

Effort du fleuve
A l'automne de sa vie
Larme sur la joue
Ennui
Ennui de réfléchir
De refléter
Le silence

Silence devant l'attente

Attente

Tant d'attentes

Regards qui comparent
Joie et tristesse
Tristesse qui prend le pas
Tristesse sans raison
Et sans comparaison

Loin du sens
Près du sens
A l'essence même

Loin du sens
Près du sens
A la lecture

Loin du sens
Près de chacun

Près du souffle
Près du flot
Auprès de l'onde

Sens-tu
Respires-tu
Entends-tu

Silence

Silence

Silence

Ce vers que tu ponctues

Un autre autrement

Index des lieux évoqués

Libre regard	Beauce
Terre au matin	La Chapelle du Noyer (28)
Sur le champ	Moléans (28)
Détail	Beauce (28)
Une mer au ciel	Mévoisins (28)
Aurore	Beauce
Cultures	Ermenonville-la-Grande (28)
Moisson	Ermenonville-la-Grande (28)
L'éruption de ciel	St-Piat (28)
Octobre	Saint-Jean à Châteaudun (28)
Lentement	Blandainville (28)
Mystère d'une	Changé à St-Piat (28)
Site à Changé	Changé à St-Piat (28)
La terre embrase	Changé à St-Piat (28)
Mirage	Maintenon (28)
Au ciel	Beauce
Bosquet	Beauce
Enigme	Chartres (28)
Trois	Châteaudun (28)
Chacun son tour	Châteaudun (28)
Epars	Chartres (28)
Tours Aime	Tours (37)
A Tours	Tours (37)
Des livres de Tours	Tours (37)

Assérac caressa	Pont d'Armes à Assérac (44)
Bouquet	Pradel à Guérande (44)
Oh ! Sel si fin !	Pont d'Armes à Assérac (44)
Pont d'Armes	Pont d'Armes à Assérac (44)
La salorge	Pont d'Armes à Assérac (44)
Salicorne	Pont d'Armes à Assérac (44)
Citadelle	Port-Louis (56)
A la marée	Bretagne
La maladive	Pen-Bé à Assérac (44)
Toile de fond de l'Erika en 1999 (44)	Presqu'île de Guérande, marée noire
Maintes vagues	Nantes (44)
F	La Loire
Flotter	La Loire
Jeune	La Loire

Éditeur : Books on Demand, 12/14 rond point des Champs Élysées, 75008 Paris, France
Impression : Books on Demand GmbH, Norderstedt, Allemagne
ISBN-13: 9782810603091
Dépôt légal : avril 2009